Ma lecture facile !

Hugo tête en l'air !

CE1
CE2
7-9 ans

Évelyne BARGE
Marco OVERZEE
Enseignants spécialisés

Dominique BALICHARD
Mathilde PERRIOUX
Orthophonistes

Illustrations
Marie QUENTREC

Hatier

Présentation

Ce livre convient aux enfants qui rencontrent des difficultés de lecture et parfois de compréhension. Conçu par des enseignants de l'école primaire et des orthophonistes habitués à traiter les difficultés d'apprentissage, cet ouvrage est un support précieux quand ces difficultés sont plus installées (troubles comme la dyslexie ou la dysphasie). L'histoire est adaptée à l'intérêt des enfants de cet âge, et non simplement à leur possibilité de lecture. Elle stimule aussi la **confiance en soi** en montrant qu'on peut tous **réussir** quelque chose. Les personnages sont peu nombreux.

La boite à mots

La boite à mots, avant chaque chapitre, est une sorte de petit **dictionnaire**. Elle explique les mots ou expressions que votre enfant ne connait peut-être pas encore. Pour plus de clarté, ils sont surlignés de différentes couleurs.

En vert : mots un peu difficiles ou langage soutenu. La boite à mots en donne souvent un synonyme plus simple.

En orangé : expressions souvent imagées qui sont rendues plus claires et plus explicites.

En violet : mots qui demandent une explication davantage scientifique ou culturelle.

Les aides visuelles

- Pour faciliter la lecture, cet ouvrage utilise la police de caractère **OpenDyslexic** qui augmente la taille des lettres, les espaces entre les lignes, les lettres et les mots.
- Les mots sont découpés en **syllabes de couleur** qui aident au déchiffrage.
- Devant les dialogues, le **portrait** de celui qui parle est un repère parmi les différents personnages de l'histoire.
- Les **illustrations** collent au plus près du texte, pour aider votre enfant à mieux comprendre ce qu'il lit.
- Enfin, votre enfant peut placer la **règle de lecture** (à découper sur le rabat) sur la ligne à lire pour que les autres lignes ne le gênent pas.

Les activités de lecture

Des activités de lecture permettent de vérifier la bonne **compréhension** de l'histoire. Des pictogrammes indiquent à votre enfant ce qu'il doit faire : colorier, cocher, entourer, relier… Les **corrigés** des activités sont en bas de page, à l'envers.

Une dernière astuce !

Pour aider et encourager votre enfant, pratiquez la lecture **écho** (vous lisez une phrase puis il lit la même phrase), la lecture **à l'unisson** (vous lisez le texte en même temps que votre enfant) ou la lecture **en alternance** (une phrase lui, une phrase vous…).

Édition : Stéphanie Simonnet – Mise en page : Nadine Aymard.

PAPIER À BASE DE FIBRES CERTIFIÉES
Hatier s'engage pour l'environnement en réduisant l'empreinte carbone de ses livres. Celle de cet exemplaire est de : 300 g éq. CO_2
Rendez-vous sur www.hatier-durable.fr

Les personnages de l'histoire

Hugo est un petit garçon très rêveur, sensible et un peu maladroit.

Mila est une petite fille rêveuse, sensible et très gourmande.

Maitresse Suzon est la maitresse d'Hugo. Elle le gronde parfois mais elle sait aussi être gentille.

Maitre Jules est le maitre de Mila. Il la gronde parfois mais il sait aussi être gentil.

L'histoire se passe à la campagne, dans un petit village.

- la pluie y tombe : « y » remplace le village de Belleroche. La pluie tombe sur le village.

- inondé : il y a trop d'eau, elle a recouvert les champs.

- tête en l'air : étourdi, qui n'est pas attentif.

- honte : sentiment de gêne.

- rumine le reproche : Hugo pense sans arrêt à la critique de la maitresse.

1 Maitresse Suzon

L'histoire se passe à Belleroche, joli petit village de France. Joli mais humide : la pluie y tombe depuis un an. Oui, un an ! L'eau a inondé les champs, les rues et même la cour de l'école.

Les enfants ne peuvent plus y jouer et c'est bien dommage. Dans sa classe, Hugo rêve au retour du soleil : il ira jouer au ballon dans la cour !

– J'en ai assez ! Que tu es tête en l'air ! crie maitresse Suzon.

– Tiens, la maitresse gronde un élève, se dit Hugo.

– Hugo, Hugo, reviens sur terre ! crie la maitresse.

Hugo réalise :

– Oups ! Mais c'est moi qu'elle gronde…

Hugo a honte. Quand il rentre chez lui, il ne mange presque rien et part se coucher.

Mais il n'arrive pas à dormir.

Hugo rumine le reproche de la maitresse.

« Tête en l'air ! Tête en l'air ! ».

Épuisé, il finit par s'endormir.
Quand il se lève, il se sent
tout bizarre.
Quelque chose change
et c'est très étonnant…

Activités de lecture

1 Quel est le problème au village de Belleroche ? Colorie le bon dessin.

2 Pourquoi la maitresse est-elle en colère contre Hugo ? Coche la bonne réponse.

- ☐ parce qu'il discute sans arrêt
- ☐ parce qu'il rêve
- ☐ parce qu'il est insolent

entourer

3 Quel est le sentiment d'Hugo face à ce reproche ?
Entoure la bonne réponse.

la tristesse

la colère

la honte

écrire

4 Retrouve dans ce chapitre 2 mots qui contiennent le son « ien » comme dans chien. Écris-les.

????

5 Observe l'illustration page 9 : qu'y a-t-il de changé chez Hugo ?
Explique à un adulte.

Réponses : 1 dessin du milieu 2 parce qu'il rêve 3 la honte 4 bien, tiens, reviens, rien. 5 Hugo a grandi.

La boite à mots

- la rue principale : la plus grande rue du village, où il y a les magasins.
- c'est le drame ! : c'est la catastrophe !
- Il n'arrive plus à maitriser ses gestes : ses bras et ses jambes ne font pas ce que Hugo voudrait pourtant faire.
- Hugo l'évite de justesse : l'avion passe juste à côté d'Hugo.
- fabuleux : merveilleux.

2 Hugo change

Il arrive une chose étrange : Hugo grandit à toute vitesse. Comme il a peur de rester coincé dans sa maison, il met ses bottes et en sort vite vite vite.

Hugo continue de grandir. Ça lui fait peur mais ça lui plait aussi.

Il dépasse les voitures puis les arbres. Il a de la chance : son pyjama grandit aussi. Hugo a maintenant la taille d'un géant. Quand il arrive dans la rue principale du village, c'est le drame !

Il n'arrive plus à maitriser ses gestes et se met à écraser les voitures garées sur le côté.

Ouf ! Elles étaient vides !

Des habitants appellent la police qui vient vite vite vite.

– Hugo, arrête d'écraser les voitures, c'est une grosse bêtise !

Hugo le sait bien mais ce n'est pas sa faute : il est juste un peu maladroit...

– Oh, la la, jusqu'où je vais grandir ? Je ne vais quand même

pas me cogner à la lune, j'espère !

Oups ! Un petit avion. Le pilote fait une drôle de tête. Hugo l'évite de justesse !

C'est alors qu'il se retrouve dans un lieu fabuleux...

Activités de lecture

1 Colorie le dessin qui correspond à la taille à laquelle Hugo arrive.

????

2 Quelle bêtise fait Hugo ?
Dis-la à un adulte.
Et toi, quelle est la dernière bêtise que tu as faite ?

3 Que signifie le mot « maladroit » ? Coche la ou les bonnes réponses.

- ☐ qui manque d'habileté
- ☐ qui a des difficultés avec ses gestes
- ☐ qui ne différencie pas sa droite de sa gauche

4 Hugo se retrouve dans un lieu fabuleux. Qu'imagines-tu ?

5 Dans ce chapitre, on retrouve 3 sons très proches : « oin », « ain », « ien ». Cherche dans le texte un mot pour chaque son et écris-le.

Réponses : **1** le géant **2** Il écrase les voitures. **3** qui manque d'habileté et qui a des difficultés avec ses gestes. **5** coincé, maintenant, vient, bien.

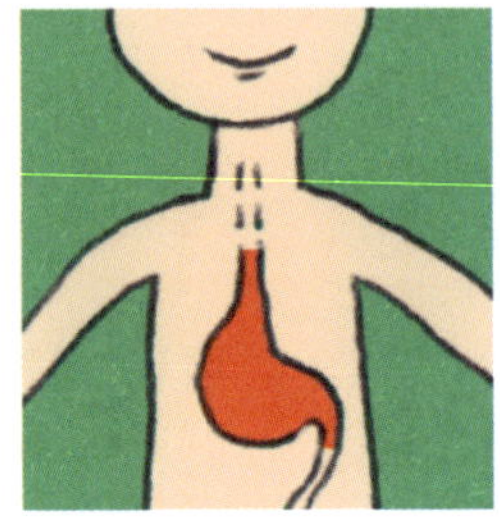

- **estomac** : organe du corps humain en forme de poche qui sert à la digestion des aliments.

- **rassasié** : qui n'a plus faim.

- **hautparleur** : appareil dans lequel on parle et qui rend la voix plus forte.

- **diminuer** : baisser en quantité, en taille.

- **je n'en crois pas mes yeux** : c'est incroyable.

3 Comme du coton

Autour d'Hugo, tout est blanc et doux.

 – Je suis dans les nuages ! s'écrie Hugo.

Hugo est rempli de joie. Il n'a jamais rien vu d'aussi beau.

Mais il commence à avoir soif.

 – Si maman était là, elle me servirait un verre de jus d'orange, se dit Hugo. Mais elle n'est pas là.

Tout à coup, il a une idée.

Il penche sa grosse tête sous un gros nuage et boit l'eau de pluie.

Ça marche ! Hugo n'a plus soif...
Mais il a faim ! Son estomac fait des bruits de grenouille.

 – Si maman était là, elle me ferait des tartines, se dit Hugo.
Mais elle n'est pas là.

Alors il croque dans ce gros nuage et se régale.

 – C'est sucré comme de la barbapapa !

Il en dévore beaucoup jusqu'à être rassasié. Soudain, Hugo entend le hautparleur de la police.

 – Bravo Hugo, quand tu manges des nuages, tu fais diminuer la pluie. Continue comme ça !

Mais Hugo ne peut plus rien avaler…

Oh ! Qui voit-il arriver soudain ?

 – Non, je n'en crois pas mes yeux, c'est…

Activités de lecture

1 Quels adjectifs définissent les nuages dans ce chapitre ? Coche la bonne réponse.

- ☐ blancs et frisés
- ☐ gris et doux
- ☐ blancs et doux

2 Relie chaque problème à la solution trouvée par Hugo.

	● Il mange un nuage.
Hugo a soif. ●	● Il boit du jus d'orange.
Hugo a faim. ●	● Il boit de l'eau de pluie.
	● Il mange une barbapapa.

3 À quel animal font penser les bruits d'estomac d'Hugo ? Colorie-le.

écrire

4 Trouve, dans ce chapitre, 3 mots qui contiennent le son « an » :

- un mot écrit avec an ______________________
- un mot écrit avec en ______________________
- un mot écrit avec em ______________________

Réponses : 1 blancs et doux 2 Hugo a soif : il boit de l'eau de pluie. Hugo a faim : il mange un nuage.
3 à une grenouille 4 blanc, orange, maman, manges, commence, penche, entend, rempli.

Chapitre 4

La boite à mots

- **assure** : dit quelque chose en étant sûr de soi.

- **cessera** : s'arrêtera.

- **inondation** : de l'eau en beaucoup trop grande quantité.

- **une faim de géante** : une énorme faim.

4 Une drôle de rencontre

– Une fille géante en pyjama ! s’écrie Hugo.

– Un garçon géant en pyjama ! s’écrie Mila.

– Qui es-tu ? demande Hugo.

– Je suis Mila et j’habite Belleroche.

– Moi aussi ! Je suis dans la classe de maitresse Suzon.

– Et moi dans la classe d'à côté, celle de maitre Jules !

– Que fais-tu là, Mila ?

– Maitre Jules m'a dit que j'étais rêveuse, toujours dans les

nuages. Quand je me suis levée, j'ai grandi jusqu'aux nuages.

Hugo comprend ce qui s'est passé.

– Moi c'est pareil : maitresse Suzon m'a dit que j'étais tête en l'air. Quand je me suis réveillé, j'avais la tête dans les airs.

 – J'ai besoin de ton aide, Mila. La police veut que je mange tous les nuages. Elle assure que la pluie cessera alors de tomber. Ainsi, le village sera sauvé de l'inondation. Le problème, c'est que je n'ai plus faim…

 – Moi j'ai une faim de géante ! répond Mila avec un sourire.
Et Mila mange vite vite vite tous ces nuages si sucrés.
C'est alors qu'ils entendent une voix connue...

Activités de lecture

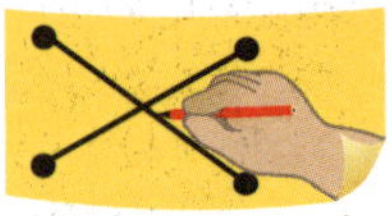

1 Relie chaque phrase au personnage qui la prononce.

- – Une fille géante en pyjama !
- – Un garçon géant en pyjama !
- – Qui es-tu ?
- – Et moi dans la classe d'à côté, celle de maitre Jules !

2 Qui sont les responsables de la transformation d'Hugo et Mila ? Coche la bonne réponse.

- ☐ les parents
- ☐ les copains de classe
- ☐ le maitre et la maitresse

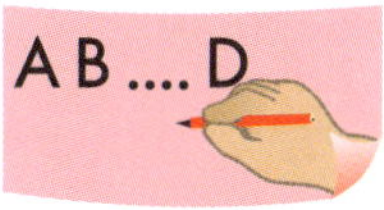

3 Complète les phrases.

– Maitre Jules m'a dit que j'étais rêveuse alors ____________________ jusqu'aux nuages.

– Maitresse Suzon m'a dit que j'étais ____________________ , alors à mon réveil, j'avais la tête dans les airs.

4 Pourquoi Hugo a-t-il besoin de l'aide de Mila ? Entoure la ou les bonnes réponses.

pour arrêter les éclairs

pour manger tous les nuages

pour boire toute la pluie

Réponses : 1 Hugo : Une fille géante en pyjama ! / Qui es-tu ? / Mila : Un garçon géant en pyjama ! / Et moi dans la classe d'à côté, celle de maitre Jules ! 2 le maitre et la maitresse 3 j'ai grandi / tête en l'air 4 pour manger tous les nuages.

- **fiers** : contents et impressionnés par ce que les enfants ont réalisé.

- **Ça leur fait tout drôle** : ça leur fait bizarre, ce n'est pas habituel.

- **Ça leur fait même chaud au cœur** : ça leur fait du bien.

- **clameur** : cris d'une foule.

5 Retour sur terre

C'est maitresse Suzon. Elle parle dans le hautparleur de la police.

 – Hugo, Hugo, reviens sur terre ! crie la maitresse.

Puis c'est au tour de maitre Jules.

 – Mila, Mila, reviens parmi nous !

Hugo et Mila se regardent.

Ils ne savent pas quoi faire.

 – Moi, je me sens bien ici,

c'est calme, dit Hugo.

 – Moi, je me sens grande

et j'aime bien ça, dit Mila.

Mais maitresse Suzon et

maitre Jules insistent :

  – Mila, Hugo, vous avez sauvé le village de la pluie. Nous sommes vraiment fiers de vous, bravo ! S'il vous plait, revenez avec nous !

Hugo et Mila n'ont pas souvent

entendu des mots gentils comme ceux-là. Ça leur fait tout drôle. Ça leur fait même chaud au cœur. Ils se regardent et savent quoi faire.

  – On peut rentrer maintenant.

Ils se donnent la main et quelque chose change.

Leur taille diminue. Bientôt ils ont la taille des arbres, puis celle des voitures, puis leur taille normale.
Ils ont de la chance : leur pyjama diminue aussi !
C'est à ce moment-là qu'ils entendent une clameur…

Activités de lecture

1 Avec quel objet la maitresse appelle-t-elle Hugo ? Colorie-le.

2 Pourquoi les enfants n'ont-ils pas envie de rentrer ?
Coche la bonne réponse.

- Pour Hugo, parce que dans les nuages, c'est :

tranquille	☐	VRAI	☐	FAUX
beau	☐	VRAI	☐	FAUX

- Pour Mila, parce que dans les nuages, elle se sent :

intelligente	☐	VRAI	☐	FAUX
grande	☐	VRAI	☐	FAUX

3 Quel est le mot gentil que disent leurs enseignants et qui les fait changer d'avis ? Entoure la bonne réponse.

Nous sommes vraiment :

contents

fiers

satisfaits de vous

4 Réponds à cette devinette.

- Je suis souvent en deux parties.
- Dans ce chapitre, je diminue en même temps que les enfants.
- On me porte la nuit.

Que suis-je ? ______________________

Réponses : 1 un hautparleur 2 tranquille : VRAI, beau : FAUX, intelligente : FAUX, grande : VRAI.
3 fiers 4 un pyjama.

- **exploit** : action courageuse, remarquable.
- **ému** : touché dans son cœur, qui a une émotion.
- **J'en rêve** : J'en ai très envie.
- **fou rire** : un rire fort qu'on ne peut pas arrêter.
- **épuisés** : les enfants sont très très fatigués.

6 Les copains sont là

Tous les copains de l'école sont réunis dans la cour. Ils poussent des cris de joie. Ils lancent des « Bravo ! » à Hugo et Mila pour leur exploit.
Devant le portail de l'école, la police et les parents applaudissent.

 – Vous avez sauvé Belleroche. Vous êtes nos héros !

Le soleil est revenu. La cour de récréation est sèche.

On peut enfin y jouer.

Alors qu'Hugo est encore tout émor, il reçoit quelque chose sur la tête. Bam ! C'est un ballon !

  – Tu viens jouer avec nous, Hugo ? disent les copains.

 – J'en rêve ! répond Hugo.

Mais il ajoute :

 – Avec Mila !

Hugo et Mila ont alors un fou rire. Ils sont épuisés par leur aventure mais heureux de s'être rencontrés…

Depuis ce jour-là, ils ne se sont plus quittés : amis pour la vie !

Activités de lecture

1 Observe le dessin page 45 et utilise aussi le texte.
Quelles personnes sont présentes pour le retour des enfants ?

- ☐ les copains
- ☐ les parents
- ☐ la police
- ☐ la boulangère
- ☐ les pompiers
- ☐ les enseignants des enfants

2 Hugo et Mila sont qualifiés de héros. Quel héros connais-tu ? Quel est ton héros préféré ? Dis-le à un adulte.

3 À quoi vont jouer les enfants dans la cour ? Colorie-le.

Réponses : 1 les copains, les parents, la police, les enseignants des enfants 3 au ballon.

Achevé d'imprimer par Estella Graficas en Espagne. Dépôt légal : 04242 1/01 - Mai 2018.